¡BRAVO, BRAVO! Level «Canciones»

The materials for this level have been researched, written and developed by the *Editorial Department of Santillana, S.A.*, under the direction of **Antonio Ramos**. The following authors have participated:

SYLVIE COURTIER
ANTONIO LÁZARO CEBRIÁN

Editorial Director: **CASTO FERNÁNDEZ DOMÍNGUEZ**
Managing Editor: PILAR PEÑA PÉREZ
Project Editor: VALENTINA VALVERDE RODAO
Illustrators: ANTONIO TELLO, MARÍA LUISA TORCIDA, BEATRIZ UJADOS

The authors and publisher would like to thank the following educators for their reviews of manuscript during the development of the project.

TIM ALLEN	*San Diego Unified School District, San Diego, California*
ELVA COLLAZO	*Board of Education, NY, New York*
DENISE B. MESA	*Dade County Public School, Miami, Florida*
MARTHA V. PEÑA	*Dade County Public School, Miami, Florida*
DR. SILVIA PEÑA	*University of Houston, Houston, Texas*
ANA PÉREZ	*Baldwin Park Unified School District, Baldwin Park, California*
CARMEN PÉREZ HOGAN	*NY State Dept. of Education, Albany, New York*
MARÍA RAMÍREZ	*NY State Dept. of Education, Albany, New York*
MARÍA DEL CARMEN SICCARDI	*Spanish TV Broadcaster, Washington, DC*
DR. ELEONOR THONIS	*Wheatland Independent School District, Wheatland, California*
NANCY B. VALDEZ DEL VALLE	*Dade County Public School, Miami, Florida*

10 9 8 7 6 5 4 3 2

Published in the United States of America
ISBN: 0-88272-852-0
Printed in Spain

SANTILLANA PUBLISHING CO. Inc.,
Corporate Headquarters, 901 W. Walnut Street, Compton, CA 90220.

¡Bravo, bravo!

DISCARDED

SPANISH FOR CHILDREN

Buenas noches

CANCIONES · BOOK 3

santillana

CONTENIDO

Con un pie

Con un pie

Yo bailo y juego

¿Qué es esto?

Me gusta ...

Con un pie

Con un pie, con un pie,
con un pie yo bailo,
con un pie, con un pie,
yo bailo con un pie.

Con una mano, con una mano,
con una mano yo bailo,
con una mano, con una mano,
con una mano bailo yo.

Con la cabeza, con la cabeza,
con la cabeza yo bailo,
con la cabeza, con la cabeza,
con la cabeza bailo yo.

Con todo el cuerpo, con todo el cuerpo,
con todo el cuerpo bailo,
con todo el cuerpo, con todo el cuerpo,
yo bailo y lo paso bien.

Yo	**Tú**
canto.	cantas.
bailo.	bailas.
leo.	lees.
escribo.	escribes.

¿Qué es esto?

¿Qué es esto?
Es una mesa.

¿Qué es esto?
Es un lápiz.

¿Te gusta ... ?

¿Te gusta dibujar?
Sí, me gusta dibujar.

¿Te gusta bailar?
No, no me gusta bailar.

Tengo tres ovejitas

19

Los alimentos

LECHUGA

TOMATE

PEPINO

ENSALADA

NARANJA

BANANA

MANZANA

ENSALADA DE FRUTA

SOPA DE PESCADO

POLLO

AZÚCAR

LECHE

HUEVO

TARTA DE MANZANA

21

¿No tienes sueño?

¿Qué quieres?

Tengo tres ovejitas

¿Qué quieres? Quiero ...

¿Qué quieres?
Quiero ensalada y pollo.

¿Qué quieres?
Quiero un vaso de leche.

Tengo ...

Tengo hambre.
Tengo sed.

Tengo calor.
Tengo frío.
Tengo sueño.

Fin

San Seremín

San Serenín

Las profesiones

JARDINERO   COCINERO   DOCTOR   RELOJERO

Es jardinero.
Trabaja en un jardín.

Es cocinero.
Trabaja en una cocina.

Es doctor.
Trabaja en un hospital.

Es relojero.
Trabaja en una relojería.

Yo soy periodista

¿Qué está haciendo?

San Serenín

San Serenín de la buena, buena vida,
hacen así, hacen los jardineros
así, así, así.

San Serenín de la buena, buena vida,
hacen así, hacen los pescaderos
así, así, así.

San Serenín de la buena, buena vida,
hacen así, hacen los panaderos
así, así, así.

¿Qué es? Es ...

¿Qué es?
Es jardinero.

¿Qué es?
Es cocinera.

¿Dónde trabaja? Trabaja en ...

¿Dónde trabaja?
Trabaja en un jardín.

¿Dónde trabaja?
Trabaja en una cocina.

¿Qué está haciendo?

¿Qué está haciendo?
Está plantando un árbol.

¿Qué está haciendo?
Está cocinando.

FiN

Canción para viajar

Canción para viajar

ESTACIÓN

¡Qué ciudad tan grande!

En el parque

47

Hay una ciudad...

Canción para viajar

Para delante, para detrás,
a la ciudad ya vas.

El tren, chucu, chucu, chucu,
el tren, chucu, chucu, chá.

Para delante, para detrás,
un bocadillo vas a tomar.

El tren, chucu, chucu, chucu,
el tren, chucu, chucu, chá.

ESTACIÓN

Para delante, para detrás,
del tren luego vas a bajar.

El tren, chucu, chucu, chucu,
el tren, chucu, chucu, chá.

Para delante, para detrás,
en la ciudad ya estás.

El tren, chucu, chucu, chucu,
el tren, chucu, chucu, chá.

¡Qué ... !

¡Qué ciudad tan grande!
¡Qué sombrero tan lindo!

Vamos a ...

Vamos a jugar al escondite.
Vamos a visitar la ciudad.

¿Qué hay ... ? Hay ...

¿Qué hay en la ciudad?
Hay muchas tiendas.

¿Qué hay en el parque?
Hay fuentes y estatuas.

El mar

El mar estampa
su húmeda huella,
sobre la blanca playa
de fina arena.

Playa, campo de juegos,
jardín de olas,
flores de conchas,
blancas corolas...

ARTURO ECHEVARRÍA LORÍA

La Tarara

La Tarara, sí;
la Tarara, no;
la Tarara, niña,
que la he visto yo.

Lleva mi Tarara
un vestido verde
lleno de volantes
y de cascabeles.

Luce mi Tarara
su cola de seda
sobre las retamas
y la hierbabuena.

FEDERICO GARCÍA LORCA

55

Mi diccionario temático

Actividades

bailar
to dance

cantar
to sing

jugar
to play

nadar
to swim

leer
to read

dibujar
to draw

escribir
to write

estudiar
to study

Unidad 9. Con un pie

Los alimentos

leche
milk

queso
cheese

mantequilla
butter

pan
bread

huevo
egg

azúcar
sugar

sal
salt

carne
meat

pescado
fish

chocolate
chocolate

galleta
cookie

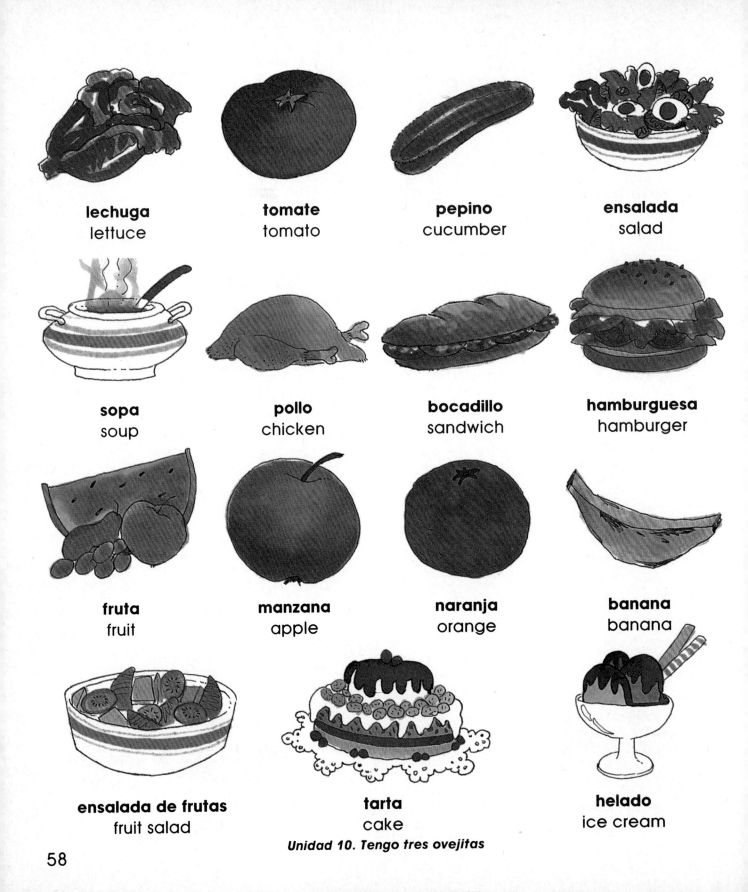

lechuga
lettuce

tomate
tomato

pepino
cucumber

ensalada
salad

sopa
soup

pollo
chicken

bocadillo
sandwich

hamburguesa
hamburger

fruta
fruit

manzana
apple

naranja
orange

banana
banana

ensalada de frutas
fruit salad

tarta
cake

helado
ice cream

Unidad 10. Tengo tres ovejitas

Lugares y profesiones

LUGARES

PROFESIONES

escuela
school

maestra
teacher

hospital
hospital

doctora
doctor

**estación
de bomberos**
firehouse

bombero
firefighter

calle
street

**conductor
de autobús**
bus driver

jardín
garden

jardinero
gardener

Unidad 11. San Serenín

La ciudad

calle
street

estación
train station

catedral
cathedral

plaza
square

parque
park

correos
post office

cine
movie theater

tiendas
stores

Unidad 12. Canción para viajar

60

Tener

tener frío
to be cold

tener calor
to be hot

tener hambre
to be hungry

comer
to eat

tener sueño
to be sleepy

dormir
to sleep

tener sed
to be thirsty

beber
to drink

61

Vocabulario activo

Palabras que aparecen ocho o más veces en el Libro.

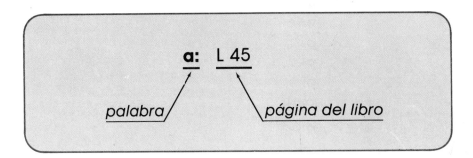

a: L 45

palabra   página del libro

A

a: L 45
al: L 13
así: L 38

B

bailar: L 12
bailas: L 12
bailo: L 8
banana: L 20

C

caja
ciudad: L 44
con: L 5
cuatro

D

de: L 20
delante: L 50
detrás: L 47
dos: L 10

E

el: L 9
en: L 10
ensalada: L 20
es: L 10
escribo: L 8
está: L 36
esto: L 10

F

fuente: L 46

G

gusta: L 12

H

hambre: L 22
hay: L 48

J

juego: L 8
jugar: L 13

L

la: L 15
lápiz: L 9
leche: L 21
leo: L 8
libro: L 9

M

manzana: L 20
me: L 12

N

no: L 12

P

para: L 11
parque: L 45
pelota
pescado: L 21
pianista: L 35
piano: L 36
pie: L 5

Q

qué: L 10
quieres: L 24
quiero: L 22

S

sed: L 22
silla: L 10
sirve: L 11
soy: L 9
sueño: L 23

T

tan: L 44
tarta: L 21
tengo: L 17
tocando: L 36
tomate: L 20
trabaja: L 32
tren: L 50
tres: L 17
tú: L 12

U

un: L 5
una: L 10

V

vaso: L 22

Y

y: L 8
yo: L 8